Las aventuras de Aisha en la lejana Malaya

Sylvia Angelika Oelwein

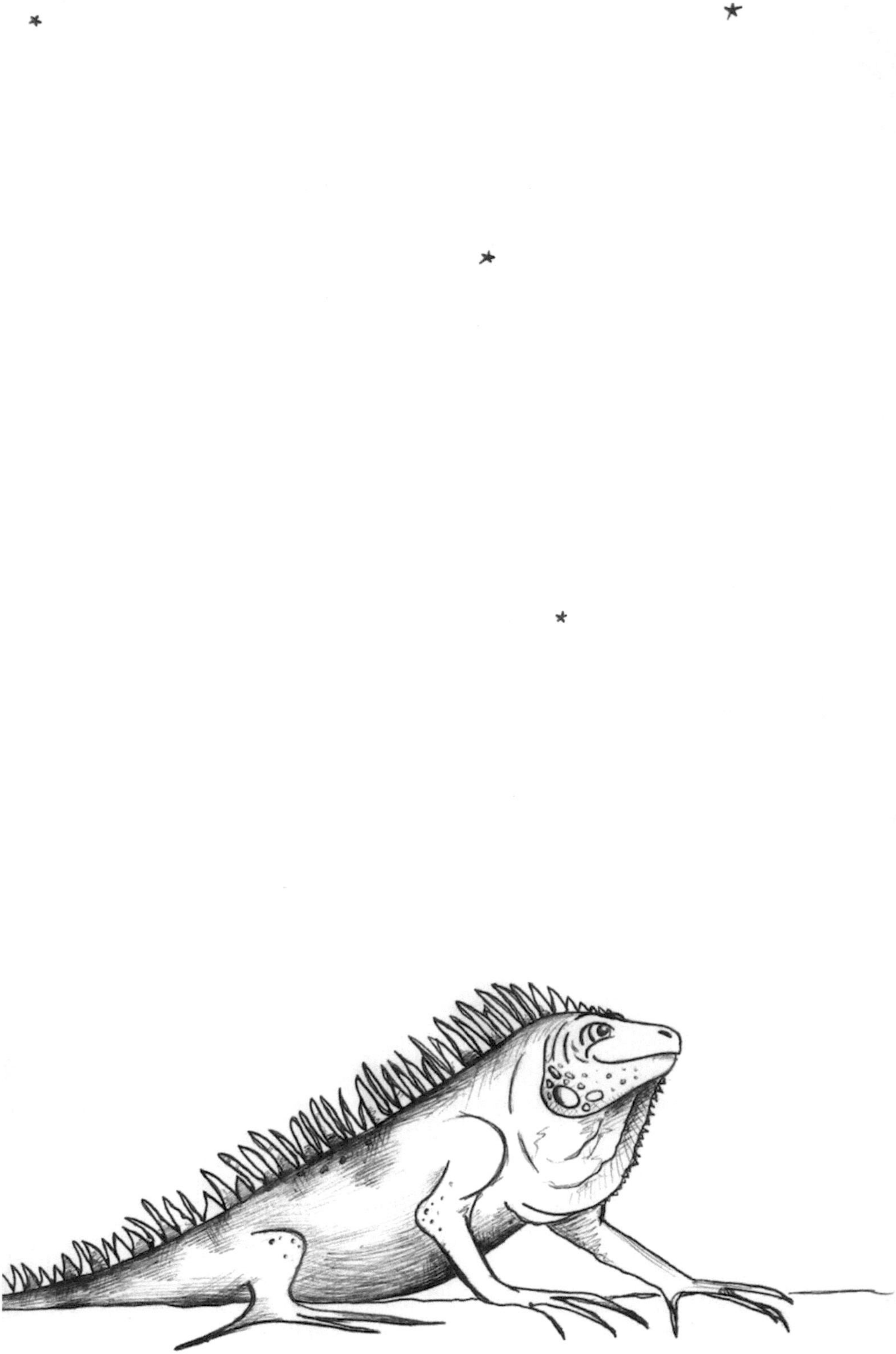

Sylvia Angelika Oelwein

Las aventuras de Aisha en la lejana Malaya

para niños a partir de 5 años y adultos que no han olvidado como es ser niño.

Bibliografische Information der Deutschen Nationalbibliothek
Die Deutsche Nationalbibliothek verzeichnet diese Publikation in der Deutschen Nationalbibliografie; detaillierte bibliografische Daten sind im Internet über http://dnb.d-nb.de abrufbar.

Más información sobre la autora:
Sylvia Angelika Oelwein
Correo electrónica: sylvia.oelwein@gmail.com
Teléfono: 0049-163 7302237
Traductor: J.M. Kjellerød
Lectura: Julio Sotelo
Diseño: Raymond Eiber
Ilustraciones: Jan Anderson

Imprimido en Alemania

ISBN: 9-783837071962

Este libro está dedicado a mi primer nieto Paul así como a sus padres, Angelina y Philipp, a mis hijas Isabel y Julia y sus familias, y a todos los niños en este mundo.

Tengo la esperanza de que este libro pueda contribuir a un mayor amor hacia la naturaleza y los animales, a un futuro mejor y más feliz, donde la naturaleza todavía pueda florecer, los animales tengan espacio para vivir, y a que la gente conviva en paz y armonía, sea cual sea su cultura o idioma que hablen.

Índice

Introducción

Repetidamente observo que, sólo hay pocos adultos pueden meterse en la imaginación infantil y pensar de un modo sencillo y natural.

¿Pero qué hace la gente sin la naturaleza? ¿No ha sido la naturaleza siempre el modelo de nuestro desarrollo técnico, y ha servido a la gente? ¿No hemos imitado a la naturaleza en muchas áreas? ¡Pero la gente nunca logrará reemplazar a la naturaleza por completo!

Vamos sencillamente a pasear en la naturaleza, o mejor dicho, en la costa oeste de Malaya y en la jungla.

Espero que los niños se diviertan leyendo los cuentos de los animales, los cuales he escrito especialmente para ellos. Pero espero que los adultos también los disfruten.

Kuantan, Malaya, enero del 2015

Aisha

Aisha era una niña que tenía 6 años, que vivía en un kampong con sus padres y sus tres hermanos. El kampong estaba en las afueras del pueblo Sungai Lembing, y Aisha pasaba mucho tiempo en la naturaleza, lejos de la agitación del pueblo.

Sus tres hermanos no estaban muy interesados en la vida en la naturaleza. Eran también mayores. Sólo el pequeño Zainiffa acompañaba a veces a Aisha cuando ella tenía sus ideas, y necesitaba a un hermano para poder realizarlas. ¡Sí, para ésto él era perfecto!

Zainiffa tenía 10 años e iba ya al instituto en Kuantan. Su hermano Mohamed tenía 13 e Ibrahim ya tenía 15 años. Los dos hermanos mayores estaban a punto de terminar la escuela y estaban esperando poder encontrar un trabajo en Kuala Lumpur, ya que en Kuantan no había trabajo para todos. A Mohamed le gustaría trabajar como mecánico de coches, e Ibrahim quería conducir un autobús grande. Zainiffa soñaba con ser un pintor famoso algún día.

El padre trabajaba como portero en un complejo turístico y la madre cocinaba a menudo para otras personas para ganar un poco extra. En la cabaña tendría suficiente trabajo. Pero con cinco bocas hambrientas para alimentar, necesitaba ganar algo mas

La vida en el kampong era sencilla, y tenían todo lo que necesitaban: agua, un generador de corriente, gas para cocinar, y cada uno su cama. Los tres hermanos compartían una habitación, pero Aisha tenía su propia habitación ya que era niña.

Tenían un perro que se llamaba Josef, y dos gatos, Teluk y Baluk, y cinco gallinas correteaban libremente por todas partes, y daban a la familia los huevos que necesitaban. Cuando de un huevo salía un pollo, que más tarde se convertía en una gallina que también ponía huevos, comían una de las gallinas mas viejas..... De esta manera tenían siempre cinco gallinas. Así era la vida en el kampong. Lo importante era sobrevivir y buscar la manera de producir uno mismo lo que necesitaban.

Naturalmente vivían cerca muchos monos pequeños, y una vez robaron un platano y algunas nueces, algo que molestaba a la madre, ya que eran parte de una comida que había planeado.

Este era el sitio donde Aisha vivía muchas hermosas aventuras, y me gustaría contaros algunas aquí en este libro.

Ketam, el pequeño cangrejo

Era temprano por la mañana, y Aisha quiso ir a lavarse los pies en el mar. Le gustaba ir sola hasta el agua, y especialmente en las horas tempranas antes de que su madre la llamara para desayunar, y después llevarla al colegio.

Había marea baja, y tuvo que caminar bastante para llegar hasta el agua.

Entonces un pequeño cangrejo se asomó de su agujero y dijo: "Cuidado, ¡fíjate donde pones tus pies! Me acabas de pisar la cabeza."

Asustada la niña se giró, pero no pudo ver a nadie. Miró otra vez a su alrededor, pero no había nadie. Entonces miró hacia el fondo del agua y después de buscar un rato, vió un cangrejo muy pequeño, que tenía el mismo color que la arena y no era fácil de ver.

Aisha se inclinó y descubrió al cangrejo. "¿ Cómo te llamas?"

El contestó : "Mi nombre es Ketam, ¿y el tuyo?" "Yo me llamo Aisha".

Entonces descubrió los dibujos maravillosos que el pequeño animal, que no era más grande que la uña de su pulgar, había hecho al sacar la arena de su agujero. "¡Que maravilloso!" exclamó.
"¡Es un cuadro!"

Evidentemente, Ketam, el pequeño cangrejo, había trabajado mucho tiempo con su agujero, y había sacado una gran cantidad de arena que había colocado cuidadosamente alrededor.

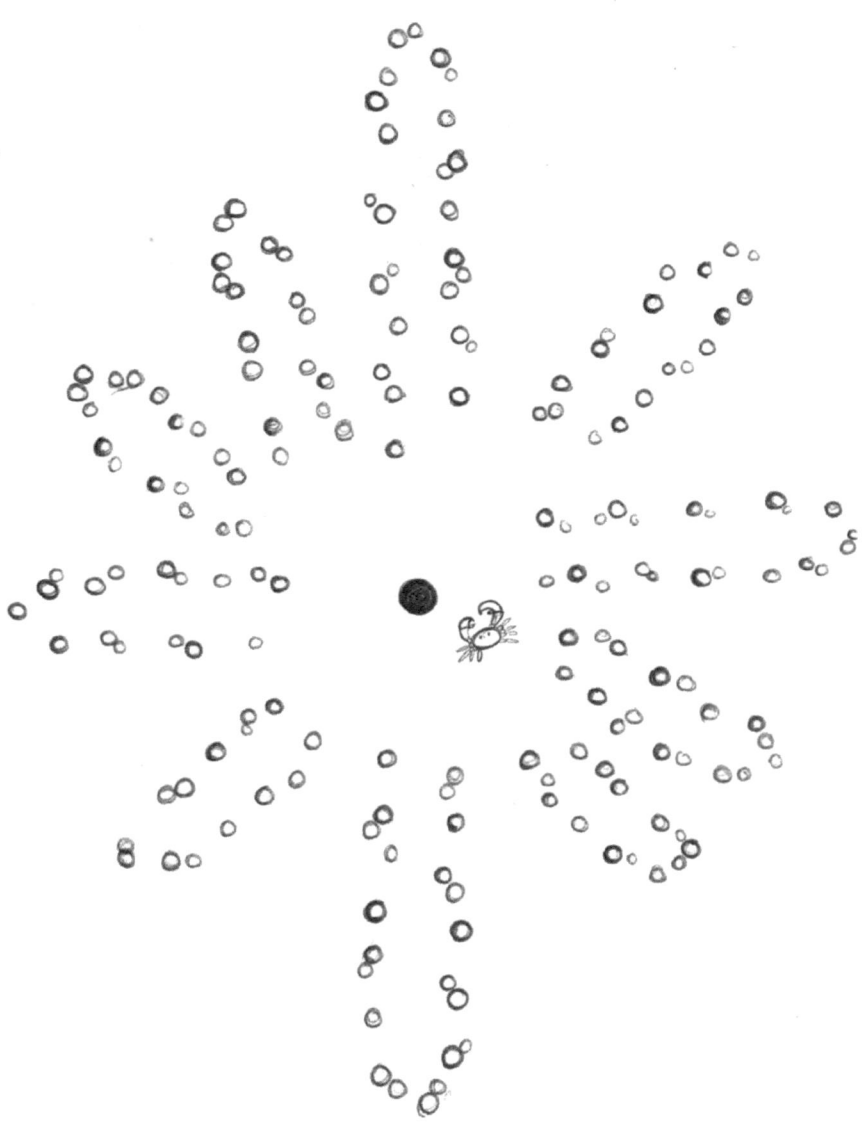

Un cuadro precioso enmarcaba el agujero. ¡Ketam había sacado arena del agujero colocándole en pequeñas bolas en forma de estrella alrededor! Aisha miraba el cuadro con mucha atención y dijo: "¡Eres un artista! ¿Cómo lo has hecho? ¡ Yo no podría ni pintar algo así en papel!

El pequeño cangrejo sonrió de oreja a oreja, y levantó las dos pinzas delanteras de alegría. "Si", dijo, "he trabajado duramente todo la mañana. Y ahora viniste tú, y con un solo paso casi has destruido mi obra maestra. Te advertí en el ultimo momento. ¡Podrías haber tenido un poco mas de cuidado!

"¿Por qué haces todo ésto?" le preguntó Aisha. "Tengo que darme prisa, ya que cuando baja la marea me moriría si no me meto profundamente en la arena, y no podré salir hasta que la marea suba otra vez."

Aisha se puso rápidamente a ayudarle a reparar su obra maestra, pero no lo logró, por mucho que lo intentara. "No importa" , dijo Ketam. "yo lo arreglaré mejor sólo,¡ pero la próxima vez ten mas cuidad donde pisas!"
Ketam se metió dentro de su agujero para continuar con su trabajo.

Aisha volvió rápidamente a casa y contó con mucho entusiasmo a su madre lo que había vivido. "Bueno", dijo la madre, "no podemos imitar a la naturaleza. Por eso, cuida la naturaleza, ya que sin ella no podemos vivir." Y le puso en la mesa un plato de Nasi Goreng (comida típica de Malaya). Y entonces era la hora de ir al colegio, y Aisha contó su experiencia otra vez a sus amigas y a su profesora.

La familia de Iguanas

Aisha estaba cerca de la selva jugando con sus amigas. Estaban salpicándose mutuamente con el agua del Air terjun, la cascada. Era mediodía, el sol brillaba y hacía mucho calor. La escuela ya había terminado, y después de almorzar telur (huevos) y kacang hijau (habichuelas), tenían permiso para jugar fuera al aire libre.

Contentas salieron de la casa. Se sentaron en un círculo en la arena, y empezaron con un juego de inventar cuentos. Una empezó a inventar un cuento , y la siguiente tuvo que continuarlo, y la siguiente y la siguiente, hasta terminarlo. Y podría ser divertido después de que 5 niñas inventara cada una su parte.

"Erase una vez un iguana que vivía en la jungla con su familia. Un día el padre, que se llamaba Sya Buruk, salió y descubrió que ya no había más comida para dar a su familia.

La madre también buscaba desesperadamente bayas y lagartijas pequeñas, que primero masticaba cuidadosamente, para alimentar a sus pequeños. Entonces el padre se dió cuenta de un pequeño mono que saltaba alegremente de liana a liana, que se presentó como Tamtam. "Por favor, ayudame" le dijo." Mi familia tiene hambre y no encontramos más comida. La gente han limpiado y quemado toda la tierra por aquí. ¿No podrías bajarnos un poco de fruta de los arboles? ¡Para mi es difícil de subir tan alto!"

Tamtam quiso ayudarle. Se fue a buscar a todos sus amigos, y juntos subieron a Saya Buruk a un árbol muy alto. Allí el padre pudo coger una gran cantidad de animales pequeños y fruta para su familia. Después Tamtam y sus amigos formaron una escalera para ayudar al padre a bajar. El lo encontró difícil, pero no quería molestar mas tiempo a los monos.

Entonces se acordó Saya Buruk ¡que no muy lejos había un pequeño pueblo donde vivían humanos! Empezó a caminar hacía el pueblo. Pero el camino le parecía largo y cada vez tenía más hambre.

Cuando llegó se asustaron todos y salieron corriendo del pueblo. ¡Pero Saya Buruk solo quería pedir comida! ¡No quería hacer daño a nadie!

Entró en una cocina y se sirvió de la comida sabrosa, que estaba preparada para la cena. Era la cocina de la familia de Aisha. Había tanta comida buena, como Ayam (pollo), Ikam biarawan (pescado), rumpai laut (hierba marina) y cubis (col). Saya Buku devoró rapidamente toda la comida que estaba en la mesa. ¡Mmmh! ¡Qué comida tan rica! Nunca tenia tanto comida.

Después buscó una cama, se acostó, se tapó con una manta y se durmió.

Cuando Aisha volvió a su casa encontró a Saya Buruk durmiendo en su cama. ¡Qué susto! Empezó a gritar pidiendo ayuda.

Durante el juego Aisha se había dormido. Este cuento era un sueño. Cuando gritó, vino la madre corriendo y la cogió en sus brazos. "¿Qué te pasa mi niña?"

Entonces se despertó, y no sabía si dormía o estaba despierta. Pero se dio cuenta de que todo era un sueño. Su pequeño corazón seguía latiendo muy rápidamente todavía durante mucho tiempo.

La lagartija Lissi

Después de terminar sus tareas del colegio, Aisha se acostó comodamente en la arena delante de su cabaña. Quería mirar las nubes que pasaban lentamente por el cielo.

Le gustaba jugar sola inventándo un teatro de nubes. Lo hacía a menudo. Miraba una nube tras otra mucho tiempo, hasta reconocer sus formas, e inventaba un cuento con ellas.

Una nube parecía un cordero, otra un lobo feroz y una tercera un hada. En su pequeña cabeza inventó un cuento. El lobo feroz quería comer el cordero, pero un hada transformó al lobo en un pastor y así se salvó, y después el pastor cuidaba del cordero tan frágil con mucho amor. Bonito, ¿no?

Siempre cambiaba rápidamente los cuentos desagradables para hacerlos bonitos, y disfrutaba de sus éxitos.

¡De repente algo se movió por debajo de su mano! Se asustó. ¿Qué pudo ser?

Rápidamente se levantó la mano y miró sorprendida al suelo para saber lo que había allí:

Al principio pensó que era un serpiente, ¡pero era solo una lagartija! Respiró profundamente con alivio. La lagartija se presentó: "Me llamo Lissi, ¿y tu?" Todavía casi sin respiración del susto dijo Aisha por fin su nombre.

"Vamos a jugar un poco" dijo Lissi, "¡estoy aburrida!"

"Si", dijo Aisha, "¡juega al teatro de nubes conmigo!"

Aisha tuvo que explicar detenidamente a la pequeña Lissi como era el juego, y por fin su nueva compañera de juego lo entendió. Pudieron empezar. Aisha y Lizzi jugaron un rato, hasta que le tocó el turno otra vez a la lagartija. "¡Veo una mosca grande!" e intentó cogerla en el aire. Pero aiii, aterrizò en la barriga muy decepcionada. Era sólo una Fata Morgana, una nube.

"No quiero seguir jugando," dijo. Estaba disgustada por el fracaso, y se puso a lamer su barriga dolorosa.

De repente vio una mosca grande y gorda encima de una piedra. Se acercó lentamente a la piedra, y en un segundo tuvo la mosca en su boca y la devoró con gran placer.

Muy contenta, la lagartija se acostó en la arena caliente digiriendo su golosina, y después se durmió.

Aisha se quedó mirándola un rato, observando como respiraba. La tocó cuidadosamente, y notó que estaba muy fria. Así aprendió que las lagartijas son de sangre fría.

Aisha continuó jugando su juego con las nubes hasta que su madre la llamó para comer. Pero la lagartija seguía durmiendo, como si hubiese trabajado muy duramente. ¡Comer y digerir también es un trabajo duro!

Utam, el martín pescador

Bueno, el invierno sólo es la temporada de lluvias en Malaya. Hay dos estaciones, la estación seca y la temporada de lluvias. Durante las lluvias, el padre no puede salir en su barca a pescar muy a menudo y traer comida a su familia. No hace tanto calor, y las verduras pueden crecer. Durante la época seca, puede hacer muchísimo calor, pero el mar está en calma. Durante la época seca, entre abril y octubre, los niños tienen vacaciones casi dos meses y medio, algo de lo que Aisha se alegra mucho, ya que la dejan acompañar a su padre a pescar.

Pero un día, a pesar de estar el mar muy agitado, el padre se decidió a salir a pescar, ya que su familia no tenía más comida.

Justo después de echar su encarnada con la caña de pescar, vino un pez grande nadando hacia la barca y la volcó. El padre y la caña de pescar cayeron al mar, que ahora se había puesto muy peligroso. El padre pudo agarrarse a la barca a duras penas. No sabía como volver a tierra. Desesperado empezó a gritar pidiendo ayuda, pero nadie podía oírle, ya que el ruido de las olas era muy fuerte.

El martín pescador le vió, y muy excitado voló hasta la cabaña de la familia y se puso a chirriar tanto tiempo que la familia se fijó en él. Naturalmente sólo Aisha le entendió. Aisha sabía el lenguaje de los pájaros. Eran sus mejores amigos. Rápidamente tradujo a su madre lo que Utam, el pájaro, había visto e intentaba decir a la familia.

El pájaro seguía gritando desesperadamente sin parar. Quería que la familia entendiera lo que había pasado con el padre.

Por fin la madre creyo los avisos del pájaro y descubrió allí lejos en el mar una barca volcada y vió a un hombre que se agarraba desesperadamente a ella. Casi paralizada por el miedo, se dió cuenta de que era su marido, y pidió a gritos ayuda de sus vecinos.

Pidió ayuda para sacar a su marido del agua para que no se ahogara.

Olas grandes rompían sobre la barca y el hombre desaparecía varias veces debajo del agua. Una ola se acercó y el hombre desapareció. Se hundía y se hundía hasta que se acercó un delfín.
El hombre ya no tenía más aire en sus pulmones para respirar y estaba desmayándose. Con su último esfuerzo se agarró al delfín, y éste le subió de la

profundidad del mar hasta la superficie. El hombre miraba al delfín a los ojos: Tanto amor no había sentido nunca. Y supo en seguido, que sin ayuda del delfín él hubiese perdido la vida.

Mientras tanto salieron los vecinos en su barco de motor para ayudarle. Pero tenían muchos problemas luchando contra las grandes olas que golpeaban contra su barco. Por fin alcanzaron al hombre que ya tenía la cara de color azul y la garganta llena de agua y no podía hablar. No quería dejar al delfín. ¡El le había salvado la vida!

Sus vecinos le sacaron del agua, y agotado se quedó tendido en el fondo del barco. Miró una última vez hacia su salvador, que lleno de alegría dio un gran salto sobre el agua antes de desaparecer.

Con grandes esfuerzos llegaron a la playa y otra vez una ola grande les alcanzó.

La madre lloraba de alegría, y dio las gracias a Aisha por haber entendido a Utam. Abrazó a su marido, que todavía estaba temblando de miedo.
Así salvaron un pájaro martín pescador y un delfín a una persona de ahogarse.

El pájaro martín pescador tiene un plumaje de un color azul muy llamativo y bonito y tienen un pico largo para poder coger peces. Pero al contrario de su belleza, gritan de una manera muy molesta. Pero como hemos visto, sirve para llamar la atención y no es fácil ignorarlo.

Los delfines son tan cariñosos que buscan el contacto físico con las personas. El cariño que sienten es incondicional y han salvado a muchas personas. Merecen ser respetados.

Timor, el águila marina

De repente el águila marina se elevó en el aire como si tuviera mucha prisa por alejarse de la tierra.

Si, tenía prisa, incluso mucha prisa. Su árbol estaba en peligro, ya que las inundaciones estaban subiendo. En la copa del árbol tenía un nido y sus tres hijos acababan de salir del huevo. Tenía que actuar y rápidamente.

Es el monzón y llevaba seis semanas lloviendo sin parar. La tierra no tenía tiempo para absorber tanta agua. La tierra agradece cada gota de agua que recibe, pero estas cantidades eran demasiados. Así se formaba inundaciones, cubriendo los campos.

Mucha gente alrededor del pueblo de Kuantan estaba en peligro , también la cabaña de la familia de Aisha estaba afectada.

El padre observaba tranquilamente a Timor haciendo círculos en el aire y después alejandose sobre el mar.

Seguía a la preciosa águila marina con la vista y empezó a rezar. Rezaba para que llegara una salvación. Aisha hacía lo mismo que su padre. Ambos estaban serios y callados. Ambos esperaban un milagro. Tenían tanta fe, que sabían que la salvación estaba cerca.

Timor volvió acompañado por una bandada de golondrinas. Volaban en formación directamente hacía la casa de los padres de Aisha. Ella se alegró mucho al ver a los pájaros. Hicieron un nuevo círculo y volaron hacia la próximo ola grande. Algunas de las golondrinas se echaron en picado en la profundidad de esta ola grande y no las volvieron a ver. Aisha lloraba, ya que sabía lo que significaba. Se habían sacrificado por las personas. Así el mar obtuvo su satisfacción y se quedó contento.

Y el milagro ocurrió. Poco a poco el mar se calmaba y las olas eran cada vez más pequeñas. Volvió la tranquilidad.

¡Estaban salvados!

Agotados, el padre, la madre y los niños lloraron y se abrazaron.

Dieron las gracias al águila marina y a las golondrinas que todavía estaban vivas, y les ofrecieron comida deliciosa. Muy agradecido, el padre reforzó el árbol grande donde estaba el nido, de modo que el agua no pudo arrancar las raíces. Así el águila marina podía criar a su familia en paz, hasta que los pequeños desplegaban sus alas y volaban solos.

Cuando los pequeños dejaron su nido, volvían cada domingo a la familia y volaban en circulo sobre la cabaña, gritando, para demonstrar su agradecimiento.

Los árboles que hablaban

Ocurrió cuando nació Aisha.

¡Los padres y los tres hermanos se alegraron mucho de la llegada de la niña! La alegrìa era tan grande, que invitaron a todos los parientes y amigos a una fiesta. Todos participaron, también los perros, los gatos y las gallinas. La madre les ofreció comida abundante y variada, a pesar de ser muy pobre.

¡Pero la alegría era tan grande!

Aisha sonreía ya desde muy pequeña. Lo que más le gustaba era cuando la madre la dejaba en su cesta debajo del banano para dormir la siesta. Estaba muy contenta y sonreía al bananero antes de dormirse.

Soñaba. Soñaba que el bananero le hablaba. No, no estaba soñando. ¡El bananero la estaba hablando de verdad!

"Aisha, mi niña, ven, te voy a cantar una nana." Y entonces empezó a murmurar suavemente pequeñas melodías, y muy contenta Aisha se durmió. Cuando se despertó, vio la cara sonriente de su madre, y no sabía si había sido su madre o el bananero que cantaba. Era demasiado pequeña para entenderlo.

La madre la sacó de su cesta, la acarició y le dio algo de beber. Aisha era feliz. Se sentía como si todo fuese un sueño. Primero giró su pequeña cabeza hacia el árbol, después hacia la madre y otra vez hacia el árbol. No se acordaba de nada más.

Y ahora que Aisha tenía 7 años sabía que los árboles hablaban.

Muy a menudo paseaba tranquilamente por la jungla y escuchaba como los árboles hablaban. Algunos tenían voces muy altas y otros muy bajas. Algunos sólo gruñían y otros murmuraban suavemente.

Cuando volvía de sus paseos abrazaba el bananero, mientras le contaba sus experiencias.

Ya era un árbol muy grande, y siempre había sido su árbol favorito.

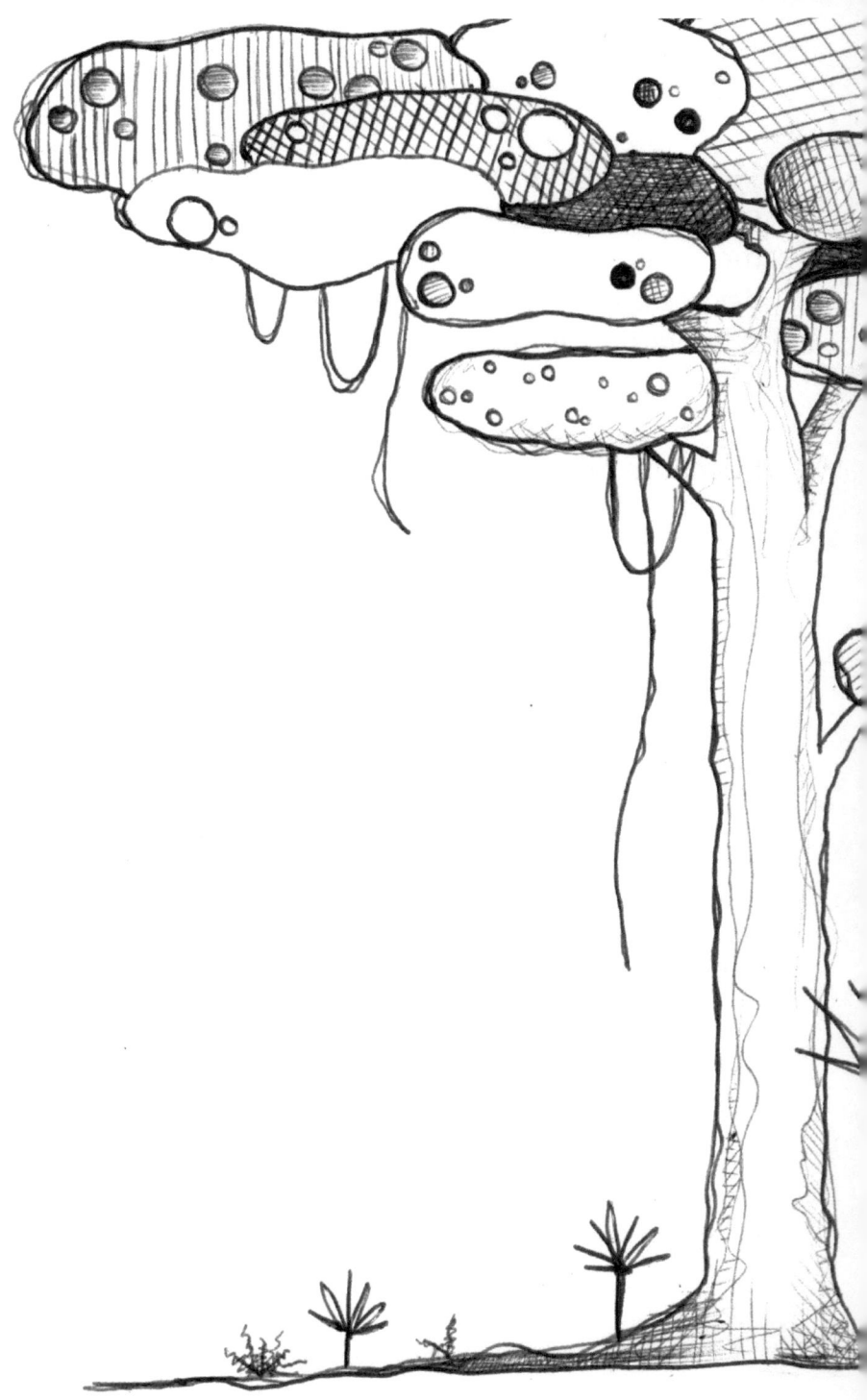

La abuela

El día empieza a pesar de la oscuridad, pero el sol no tarda en salir, y las luces en la ciudad se apagan.

Los pájaros preparan para el dia. Los pájaros martín pescador, con sus plumas preciosas de color azul, gritan "Selamat Bagi", o buenos días. Las águilas marineras vuelan en círculos sobre el mar, preparándose para un nuevo día.

Aisha se está preparando para ir a la escuela y la madre está ordenando la cabaña. Los hermanos se fueron hace rato, y el padre se ha ido a trabajar.

De pronto aparecen dos caballos en el horizonte. Se están acercando a la cabaña lentamente. Al principio Aisha se asusta, pero después se alegra de la visita de los dos caballos. Cuando están muy cerca, reconoce a uno de los jinetes: es su abuela. ¡ Y parece tan joven de repente! "Pero no puede ser posible", pensó.

"¡Mi abuela se murió ya hace muchos años!" Se murió durante una tormenta, por un rayo que cayó en el jardín cuando estaba trabajando allí. La abuela era todavía muy joven y Aisha tenía 1 año. Todo fue tan rápido.

Esto era lo que la gente contaba. Lo que pasó de verdad no lo sabía nadie. De repente desapareció de la faz de la tierra, y nadie había vuelto a verla desde entonces.

Esto pasó hace muchos años. Y ahora-¿ podría ser ella de verdad? ¿La que estaba sentada encima del caballo con un compañero a su lado?

Aisha, ¿En qué estás pensando? "¡Abuela, eres tú?!, exclamó.

La mujer, a la que llamó abuela, solo sonreía al bajar del caballo, y abrazó a Aisha cariñosamente. Se sentaron en la arena, y la mujer extraña empezó a explicar lo que había pasado.

Contó que entonces cayó un rayo desde el cielo y se la llevó consigo al cielo. Después de un largo viaje llegaron a un país donde las casas eran de algodón, las camas eran de nata montada, y por todas partes crecían flores y árboles de oro. Todas las personas allí tenían alas, y parecían muy amables y cariñosas. Se decidió a quedarse, ya que le gustaba mucho.

Pero después de un largo tiempo sentía la necesidad de ir a visitar a su familia. Su deseo se cumplió, y le dieron un compañero de viaje y dos caballos. Los caballos también tenían alas para poder bajar del cielo.

Mientras hablaba, los ojos y la cara de su abuela brillaban tanto, que a Aisha le salieron las lagrimas. Cayó en los brazos de su abuela, llorando de alegría. Su abuela la abrazó fuertemente. ¡Se habían echado tanto de menos una a la otra mucho tiempo!

Así se quedaron sentadas un buen rato sin decir nada. Cuando Aisha por fin volvió a abrir los ojos, se sorprendió al ver, que era su madre la que estaba abrazándola y ¡no su abuela! ¿Qué había pasado? Aisha le contó su experiencia. Pero ella solo sonrió y dijo: "Aisha querida, sí, seguramente tu abuela estuvo contigo, ya que te ha echado mucho de menos. Ya ves, ¡qué bonito es cuando crees en los milagros! Pero ven y arréglate. Hay que ir a la escuela."

Entonces Aisha entendió que todo había sido un sueño. Seguramente lo había deseado tanto, que se hizo realidad.

Se dio la vuelta, pero los dos jinetes habían desaparecido, como si nunca hubiesen estado allí.

Pero la sensación del abrazo tan lleno de cariño de su querida abuela no la podía olvidar nunca. Y muchas veces se sentaba en el mismo sitio en la playa, cerraba sus ojos, y soñaba con su abuela a quien quería tanto.

¿De dónde vienen los cerdos?

Era por la tarde, y estaba oscureciendo. Las luces en la ciudad ya estaban encendidas. Aisha había ayudado a su madre a ordenar la cocina después de la cena. Habían cenado Mee, un plato típico malayo, y piña fresca del jardín.

La madre estaba lavando los platos y Aisha los secaba, que era la tarea que correspondía a las niñas. Los tres chicos estaban ayudando al padre a reparar el camino delante de la cabaña. La inundación hace unas semanas, que casi se llevó la casa, lo había estropeado. Se tardaba mucho antes de poder volver a utilizarlo.

Mohamed vio una sombra. Levantó la cabeza, y efectivamente, delante de él caminaban tranquilamente una horda de cerdos negros. El más grande iba primero, seguido por 4 pequeños. Gruñendo suavemente querían alejarse de los tres chicos rompiendo la fila. Entonces el padre sacó su escopeta y apuntó hacia el cerdo más grande.

Obviamente era la mamá cerdo con sus cuatro pequeños en busca de comida. Mamá cerdo se animó a enfrentarse al padre, y le pidió que no disparase. Había caminado mucho tiempo con sus pequeños y ahora tenían hambre. "Si me matas a mi, mis pequeños se morirán de hambre. ¡Todavía son demasiado jóvenes para buscar su comida por si mismos!" Suplicó al padre, y asustados los pequeños corrieron cada uno por su lado.

El padre no se pudo mover por el susto que le dio al oír que un cerdo podía hablar, y dejó caer la escopeta. Se quedó mirando a mamá cerdo. Ella todavía se quedé quieta delante del padre, a pesar de haber podido huir. Pero por el susto el padre ya no pudo volver a coger su escopeta tan rápidamente.

La mamá cerdo siguió hablando: "Deberías dejar de comernos, ya que nosotros tenemos demasiado grasa que no es buena para las personas. ¿Por qué no cultivas más verduras, plantas más árboles frutales y siembras más trigo? Vosotros sólo gozais de nosotros un ratito para después arrepentiros ya que os ponéis cada vez más enfermos."

"Nosotros te podemos ayudar. Removemos la tierra muy bien" Llamó a sus pequeños para que volviesen. "Mira, si nos dejas vivir con vosotros podríamos mover la tierra y hacer agujeros para plantar árboles jóvenes. Podríamos trabajar muy bien juntos."

El padre aceptó esta propuesta y volvió a meter la escopeta en el armario.

Construyó una valla y los animales se quedaban con la familia. Cuando necesitaban su ayuda los dejaban libres. Sí, los cerdos son tan inteligentes que hasta lograron convencer a las personas.

Mientras tanto, el sol se había ido, pintando el cielo con un hermoso color rojo. Los murciélagos trazaron sus círculos rápidos, los pájaros se callaron y las cigarras se fueron a dormir.

Cuando la gente y los animales se entienden y se respetan mutuamente reina la tranquilidad.

Desde esta experiencia el padre nunca ha matado más animales, y su salud se ha mejorado cada día.

La aventura de Ayer Ketam

"Sí,¡si fuese todo tan sencillo!" dijo Ayer Ketam, cuando alguien estaba hurgando en su agujero para sacarle. "¡Tan fácilmente no me dejo capturar!"

Se estaba escondiendo en lo más hondo se su agujero, sonriendo de oreja a oreja. Otra vez había un buscador de cangrejos delante de su agujero.

Los nativos suelen coger cangrejos con unos palos largos que introducen en los agujeros donde se esconden los cangrejos, mientras están esperando a la marea alta. Esperan un ratito hasta darse cuenta de que el cangrejo ya está agarrándose al palo. Entonces suben el palo lentamente, y así cogen el cangrejo. Si suben el palo demasiado rápidamente, el cangrejo se suelta y lo pierden.

Era Mohamed, el hermano mayor de Aisha. Estaba murmurando en voz baja algo imposible de entender. Pero Ayer Ketam le reconoció por la voz. Gritó hacía arriba: "¡Déjame vivir! ¡No vas a sentirte satisfecho después de cocinarme y comerme! Casi no lo vas a notar, ya que casi no tengo nada de carne.

Y lo más probable será que pierdas un diente cuando intentes morderme. Te prometo llevarte a un sitio donde crece la fruta más hermosa que puedas coger y llevar a tu familia. ¡Si sólo me dejas vivir!"

Mohamed se asustó. Nunca había oído a un cangrejo hablar. Puso su oreja cerca del agujero para oír mejor, ya que al principio no entendió nada. Entonces Ayer Ketam repitió sus palabras, y ahora lo entendió todo. Y efectivamente, la voz vino del agujero. Y no hubo nadie a la vista en los alrededores que le hubiese podido haber hablado.

Todavía confuso por esta voz, gritó hacia abajo: "Bien. Te lo prometo. ¡Pero tú también tienes que cumplir tu promesa!", y bajó el palo en el agujero. El cangrejo se agarró al palo y se dejó subir lentamente.

Ahora se estaban mirando cara a cara. Ayer Ketam no sabía todavía si el hermano iba a cumplir su promesa, y todo su cuerpo estaba temblando de miedo. Mohamed vaciló un momento. No estaba seguro si le iba a matar o no. Pero en la familia de Aisha estaban acostumbrados a ser honrados y le dejó correr. El cangrejo corría y corría tan rápidamente como un cangrejo podía correr, ya que los cangrejos corren siempre de lado y naturalmente tardó un rato para llegar a su meta.

Después de casi media hora de carrera llegaron. El sol estaba calentando mucho, y Mohamed tenía la frente cubierta por grandes perlas de sudor.

Y allí- ¿Qué vieron sus ojos?

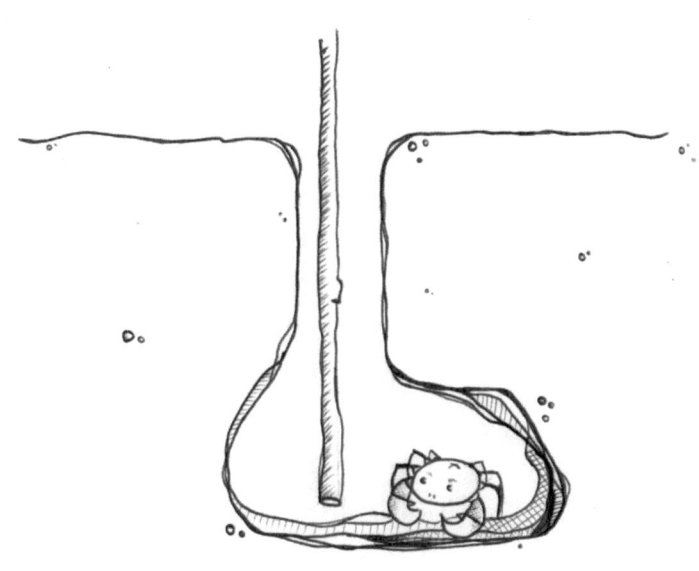

Delante de sus ojos había un jardín -¡que en el cielo no podría ser más bonito! Había docenas de árboles frutales con fruta madura y en el suelo crecían piñas y verduras. ¡En su vida había visto algo tan hermoso! En el centro del jardín estaba una chica con el pelo dorado mirándole con una sonrisa. Le dijo: "Ya ves, ¡como no mataste al cangrejo te regalo fruta de mi jardín! Le cogió la mano y le llevó de un árbol a otro para que cogiera la fruta más deliciosa.

Feliz y con una gran carga volvió a casa. Casi no podía con todas las delicias. Con gran alegría Aisha vino a su encuentro y el hermano le tuvo que contar su aventura completa.

Nunca ha vuelto a saber nada del cangrejo Ayer Ketam-¿realmente le había hablado? Debería haber sido así, porque si no, ¿cómo pudo traer tanta fruta de un jardín que nunca había visto?

Las golondrinas

De nuevo llegan nubes negras en el cielo. Todavía es la temporada de lluvias. "Y la cola de la lluvia coletéa antes de retirarse." Así se dice en la lejana Malaya.

Las golondrinas están volando bajo en círculos. Casi no pueden elevarse y flotar en las corrientes de aire.

Aisha está mirándolas desde su ventana, pero al final sale de la casa para observarlas mejor. ¿Qué está pasando? De repente las golondrinas se ponen muy inquietas y se comunican entre si:
"¡ Rápido. Tenemos que irnos de aquí. Se está acercando una lluvia muy fuerte!", y batiendo sus alas fuertemente, intentan llegar a los árboles para ponerse a salvo. Pero no encuentran corrientes de aire, y tienen que usar mucha fuerza para no caerse. Casi parecen murciélagos. Aisha tiene problemas para distinguirlas.

La lluvia empieza, y como de costumbre, en un momento, muy fuerte.

De repente aparece una golondrina muy pequeña desde el mar hacia la orilla, batiendo fuertemente sus alas un par de veces más, y desaparece. Oh, ¿estaban sus pequeñas alas demasiado mojadas, y no tenía suficiente experiencia de volar? Los ojos de Aisha se llenan de lagrimas, mientras está mirando la superficie del mar con la esperanza de ver al pequeño animal. Pero no lo vuelve a ver.

Ahora había encontrado la tranquilidad en el mar. Aisha está llorando cada vez más al ver que dos golondrinas más grandes están sobrevolando exactamente el sitio donde la pequeña desapareció.

Están volando en círculos emitiendo gritos. Pero en vano.

La naturaleza lo ha decidido.

Todas las demás golondrinas se habían salvado de la fuerte lluvia. Poco tiempo después, la lluvia empieza a calmarse, y pronto solo caen una gotas. Los pájaros vuelven a cantar. ¿Quieren anunciar el final de las lluvias? ¿O se están quejando de la pérdida de su hija? No lo podemos saber con seguridad.

Pero lo triste es, que el pájaro ha muerto,¿ quizás por su curiosidad, o quizás por estar demasiado alegre y haber perdido la noción del tiempo? Lo que sí sabemos, es que cuando las golondrinas están volando bajo, están anunciando mal tiempo, y buen tiempo cuando están volando alto.

La transformación

Aisha estaba durmiendo en su cama. Todo estaba tranquilo.

Pero de repente una lluvia fuerte la despertó. El mar estaba en calma, y la marea estaba en su punto más alto. La lluvia caía cada vez más fuerte. Hacía tanto ruido, que Aisha no pudo volver a dormirse.

Entonces se dio cuenta de que le picaba en muchos sitios de su cuerpo. ¿Había olvidado colocar bien el mosquitero sobre su cama? Siempre hay que fijarlo bien por debajo del colchón, para impedir a los insectos entrar y picarla. Evidentemente lo había colocado mal sobre la cama. Así que ella misma tenía la culpa. La vela contra los mosquitos, que siempre encendían, no había ayudado nada. Se preguntó, para qué había dios creado estas criaturas, ya que no parecían tener ninguna misión significativa en la tierra. Se posaban sobre carne viva, personas o animales, agarrándose a su botín y con su picadura bombeaban veneno en el cuerpo. También chupaban sangre. Esto no podría ser ninguna buena misión.

Se levantó y bebió un vaso de agua. Después se sentó en una silla y escuchó el aguacero. Esperaba que todos los animales estuviesen guardados de la fuerte lluvia. Sus ojos se cerraron y medio dormida oía el zumbido de los mosquitos. Los zumbidos se convirtieron en voces suaves. Las pequeñas bestias negras se convirtieron en pequeñas estrellas. Las pequeñas estrellas se multiplicaron miles y miles de veces y estaban volando por todas partes, donde había animales hambrientos.

La lluvia torrencial se convirtió en una lluvia suave y caliente, y todos los animales tenían agua para beber.

De repente Aisha se despertó y casi se cayó de la silla, y el agua de su vaso se estaba vertiendo sobre sus piernas. Rápidamente se metió otra vez en su acogedora cama, y estaba muy satisfecha con la bendición.

De esta manera pudo entender, que los mosquitos también tenía una misión en la tierra.

La sorpresa

Ya es de noche.

Todavía los pequeños monos saltan de árbol en árbol, un mirlo estaba volando con prisa a casa, las cigarras terminan de zumbar, y los murciélagos empiezan su vuelo nocturno. El mar está en calma y es muy oscuro ya.

Aisha da las buenas noches a sus padres, y entra en su cuarto para preparar su cartera del colegio para el día siguiente. La deja lista.

Se quita la ropa y se pone su camisón de noche, se lava y cepilla los dientes. Tiene ganas de acostarse. Ha sido un día con mucho trabajo y está cansada. Después del colegió tuvo que ayudar en el campo toda la tarde, ya que estaban esperando lluvia, y las semillas, que ahora estaban dentro de la tierra fértil, tendrían que crecer y convertirse en cereales.

Se metió rápidamente en su acogedora cama, rezó su oración y cerró los ojos.....

Entonces oyó un ruido en su habitación. Cerca de su maleta del colegio crujió algo. Se puso a escuchar. Otra vez el crujido.

¿ Puede ser una lagartija? Esperó un momento. No se atrevía a encender la luz. Otro crujido, pero en otra esquina. ¿Qué puede ser? Ahora era como si alguien estuviese comiendo algo. El corazón de Aisha latía con más fuerza, no podía entender la relación entre los dos ruidos. Esperaba todavía un ratito. No podría ser un ladrón, ya que sus padres todavía estaban despiertos y había luz en la casa. '¿Qué estaba haciendo estos ruidos en su habitación?

Ya no pudo esperar más, y sin ruido encendió su linterna por debajo de la manta. Rápidamente iluminó el sitio desde donde habían venido los ruidos. Oh, vaya.¡Un erizo había hecho estos ruidos! Estaba tan asustado como ella, y la estaba mirando con grandes ojos. Casi le salió la comida por la boca.

"Perdón Aisha", dijo el erizo, "tenía tanta hambre, que he sacado tu bocadillo de tu cartera."

¿Qué? ¿Ahora hablaba este erizo también? se preguntó Aisha a si misma, e hizo como si fuese algo de lo más natural, que un erizo supiera hablar.

"Si, naturalmente" contestó Aisha, "entras en mi habitación, abres mi cartera del colegio, sacas mi bocadillo, y lo devoras."

"¿Quién eres realmente?"

Después de todas las aventuras que había vivido, Aisha estaba acostumbrada a que los animales hablaran e hicieran milagros.

"Bueno, ¿ a lo mejor hubieses deseado que yo fuese un príncipe encantado o algo así?" contestó el erizo. ""Lo siento, pero solo soy un erizo normal que tenía mucha hambre."

"¿Y cómo es que sabes abrir mi cartera y sacar mi bocadillo como lo hubiese hecho una persona? preguntó Aisha.

"Porque, porque, porque...." balbuceó el erizo.

Entonces su hermano menor Zainiffa salió de su escondite detrás del escritorio, sonriendo triunfalmente.

"¡Como me has asustado!" le gritó Aisha y estaba muy enfadada, "¿no tienes nada mejor que hacer que molestarme así?"

Zainiffa se reía y estaba contento de haber conseguido lo que quería. Naturalmente era él quien había hecho ese ruido, había abierto su cartera y había disimulado la voz. Contentísimo por haber podido engañar a su hermana, salió de la habitación.

El erizo estaba mirando a Aisha fijamente un rato, y dijo: "¿ Ahora ya no estás tan segura de quien te ha hablado, verdad?"

¿Quién ha hablado ahora... el hermano o el erizo?